Roberto Di Molfetta

LA SOLITUDINE DEL CUORE

UUID: 52aa028a-07d5-11e8-8fa0-17532927e555

Questo libro è stato realizzato con StreetLib Write
 http://write.streetlib.com

Indice dei contenuti

Un infanzia serena 2
Una adolescenza tutta musica e poco studio 4
Il cambiamento: il più grande amore 7
Il bisogno di appartenenza e la timidezza 9
Ognuno è solo 13
La lezione di Pirandello 17
La falsità dei rapporti sociali 20
La solitudine dei non luoghi 25
Paura, sofferenza, solitudine 30
La mancanza di Dio 34
Cambiare: Sull'amore e la solitudine 39
Cambiare: Non temere la solitudine 44
Considerazioni su quanto scritto finora 48
La solitudine risorsa per le persone di talento 50
I vantaggi della solitudine 53
La solitudine positiva 62
Conclusioni 65
Autore del Libro 67

Introduzione

Quante volte ci sentiamo soli ? Quante volte vorremmo parlare, esprimerci diversamente, parlare di più, con persone più attente al nostro sentire ?

Io negli ultimi anni ho smesso di soffrire per le piccole cose di tutti i giorni, di arrabbiarmi in maniera forte e vigorosa per tutto. Sento adesso una specie di depressione costante, di tono minore nella mia vita, come se la sinfonia del vivere da tragedia fosse diventata una melodia malinconica e dolce.

Questa dolce melanconia è il rimpianto per non vivere una pienezza dei rapporti con gli altri. Cos'è che mi attanaglia il cuore, cos'è questa solitudine del cuore ?

E' il bisogno forte, che è sempre nascosto ma sempre presente, di poter essere veramente me stesso. Nei gesti, negli sguardi, nelle parole io spesso mi esprimo come con automatismi. E' l'esperienza di un 43enne intelligente e abbastanza esperto degli uomini, da sapersi garantire risposte pronte, atteggiamenti adeguati alle varie situazioni sociali. Sorrido, cammino, rispondo alla gente, tutto apparentemente è nella norma.

Ma dentro ho continuamente un dolore, una pena, dovuti alla mancanza di soddisfazione nel vivere.

Tutto in questi ultimi tempi mi appare meccanico,

automatico: non ho più le genuinità degli anni della gioventù, dove le persone le sentivo dentro, dove ogni situazione sembrava portare novità.

Sofferenze, esperianza, conoscenza degli uomini e dei loro affari: tutto ciò ha portato il ragazzo che inseguiva uno sguardo, un sorriso ad una sorta di cinismo obbligato, ad una continua mancanza di desiderio del prossimo, conscio che gli altri non mi possano portare più felicità, più gioie.

In un altro mio libro, dove sono i nostri sogni?, affronto il fatto che maturando, perdiamo talvolta i nostri sogni e desideri più profondi e sentiti, in virtù della certezza triste che purtroppo solo sogni sono e possono rimanere.

Quando scopri che l'amore totale, l'essere amati, sono realtà difficilmente realizzabili in questa vita, dove ideali e sentimenti spesso sono sacrificati di fronte ad interesse materiale ed egoismi, ti senti solo. Solo dentro, solo nelle tue stesse parole, hai sempre questa sensazione che quello che dici, che fai, non ti porteranno a sentirti meglio nel cammino della tua vita. In quei momenti, hai la solitudine nel cuore.

Un infanzia serena

Ho avuto un infanzia relativamente serena: mio padre assicuratore, dal buon stipendio, e dalle provvigioni extra che gli permettevano di non avere problemi. Mia madre, dolcissima casalinga e madre, sempre appresso a me, e ai miei bisogni. E' proprio quel suo amore senza condizioni, con tutto il cuore, proprio di una persona dolce e sensibile, che mi ha viziato l'anima: dopo mia madre, non ho mai potuto trovare quell'amore intenso, quelle carezze e quelle parole che davano tutto, senza pretendere altro.

Ho passato un'infanzia serena, solo qualche scena madre da parte di mio padre, nei momenti in cui uscivo fuori dei binari del bravo bambino.

Qualche pianto, qualche ginocchio sbucciato, piccoli grandi brutti ricordi, come è impossibile che non ce ne siano anche nella felicità più serena ed indiscussa.

Da bambino non ero particolare, se non per il fatto che ero molto mite e buono. Tutto il contrario di un Pierino o di una peste, tutte urla e capricci.

Ero buono, perché mia madre chioccia, mi dava l'affetto più dolce del mondo. Ero in una favola, ma non lo sapevo.

Ho perso i nonni paterni prima di conoscerli, e i genitori di mia madre quando ero ancora bambino. Si può dire che la parte restante della parentela era per me un grosso punto interrogativo. I parenti, si, sempre distanti, qualche giornata insieme nei matrimoni e nei funerali, ma per il resto la famiglia Di Molfetta eravamo solo noi tre, io, papà Natalino e mamma Anna Maria.

Si può dire certamente un'infanzia serena, con una mia mente sicuramente bambina, non precoce, nell'eldorado delle carezze di mia madre, ed un padre severo ma che non entrava nel rapporto con mia madre, lasciandomela tutta per me.

Da bambino non ho avuto particolari problemi, ma neanche interessi di sorta: qualche amico a scuola, e tanta televisione, che ho sempre divorato, al contrario dell'avversione dell'età adulta, quando scrivo libri e maledico il telegiornale e la politica italiana.

Ricordo centinaia di puntate di cartoni animati, io buono a vedere tutto, a sognare ingenuamente nei bei visi delle protagoniste femminili, sempre affascinate dagli eroi forti e buoni dei cartoni giapponesi.

Mi ricordo poco della mia infanzia. Ci sono persone che ricordano ogni istante, ogni emozione, ogni regalo. Io è come se avessi un buco nero, con l'età maggiore che ha risucchiato in una voragine tutti i ricordi puerili, e tutti insieme.

Allora non mi sentivo affatto solo dentro, tutto era semplice, senza tinte: era di un bianco e di una purezza, accecanti oggi, perché semplicemente, e dolcemente ingenui e lineari.

Una adolescenza tutta musica e poco studio

Si sa, l'adolescenza cambia spesso la persona. Dal bambino il nuovo giovanissimo adolescente diventa problematico. Ecco io ero sempre un bravo ragazzo, ma purtroppo la scoperta della chitarra, come strumento amato fin da subito, insieme al genere musicale rock, mi trasformarono in un ragazzino pieno di voglia di suonare, e nessuna di studiare.

Iniziarono anni importanti come musicista e brutti come studente, anni in cui cercavo disperatamente di preparare la versione di latino alle 7 del mattino dopo aver passato la giornata da dedicare ai compiti di scuola sulla chitarra a suonare i Guns'n'Roses.

Insomma il rock genere maledetto della musica, aveva colpito pure me, tra sogni di suonare ad un grande concerto e voti miseri al liceo scientifico Netwon, lo stesso dove ha studiato la sindaca di Roma Virgina Raggi.

Andai così male, che pur essendo diventato, e per forza, un buon chitarrista dilettante, dovetti passare all'istituto tecnico, e recuperare gli anni scolastici alla scuola privata.

Ecco, il bambino rimase sempre perbene e di buona

famiglia, ma iniziarono gli anni più belli per l'allegria, il divertimento, le amicizie.

L'unico periodo della mia vita passato nell'allegria si può collocare tra i 18 e i 20 anni. Erano anni in cui mi innamoravo per la prima volta, in maniera assolutamente ingenua e senza speranza, di una mia compagna di scuola.

Passavo tutti i giorni a casa di Richard Benson, un'icona trash della musica rock, che all'epoca convinceva l'ambiente underground romano di essere un ottimo esperto di heavy metal e di chitarra elettrica.

Mi divertivo, e lasciavo del tutto in disparte gli impegni di scuola, senza neanche la minima idea del lavoro, degli impegni di vita. Anzi rovinavo il mio curriculum di studente, per poi arrivare ad un'ottima maturità con 58/60imi, diplomandomi ragioniere.

Adoravo i miei amici, mentre con le ragazze ero totalmente e irrimediabilmente timido e impacciato.

Ricordo amici come Andrea, con cui condussi un programma radiofonico per una piccola emittente romano, ovviamente sulla chitarra rock. Poi Gianluca e Alfredo, con cui ridevamo praticamente per qualsiasi sussurro e pensiero, ero anni in cui anche arrivando alla maturità da perito commerciale, in testa avevo solo la gioia di stare con gli amici.

Se mi volto ad allora, ricordo che ogni uscita con un amico era speciale. Risate, musica, chitarre, allegria. Il periodo dell'allegria, che non è tornato perché non poteva tornare. Mai in quei giorni mi sono sentito solo, avevo i preziosi amici, l'amicizia tutti i giorni, quella stessa amicizia che cinicamente oggi rifiuto anche solo come concetto, in un Italia molto diversa: cinica, indifferenza, senza calore umano, nell'Italia di oggi non sarebbe possibile passare momenti così allegri, se non nella stupidità e nello sballo. Invece io mi divertivo, ma da bravo ragazzo. Non ero uno studente modello, ma non fumavo, non bevevo, non facevo tardi fuori casa. Insomma oggi sarebbe molto difficile tra i ragazzi divertirsi così tanto in maniera tanto pulita. Non mi sentivo solo, e ovviamente quelle risate me le rimpiango, come tutto quel periodo.

Il cambiamento: il più grande amore

Quando è arrivato il cambiamento? Quando la mia vita si è trasformata in una vita senza più gioia profonda?

Tutto coincide con un grande innamoramento per una ragazza che frequentava il mio corso. L'amore non ricambiato, io che lascio il corso, non la rivedo più per anni. Poi cominciarono le ostilità con i vicini di casa per i loro rumori, e io che reagivo con rabbia, una rabbia provocata anche dalla sofferenza per il mio amore mancato. Nello stesso periodo mi iscrissi all'Università La Sapienza, facoltà di Sociologia. Ed ebbi la visita nel mio computer di hacker incontrati in chat. Le mie giornate divennero rabbiose: lo stress dell'Università, la crisi esistenziale dovuta all'innamoramento, gli attacchi degli hacker, i vicini che mi svegliavano con i loro rumori: tutte queste cose trasformarono un ragazzo normale in un autentica belva. Già ero diventato cattivo, nevrotico, arrabbiato con il mondo. Mi ribellai alla mancanza di amore e di comprensione per il mio stato psicologico. Le giornate erano diventate orribili, io che perdevo la fiducia negli amici, nella società, in tutti i valori in cui avevo creduto.

Ripensandoci, mi chiedo a come ho fatto a sopravvivere fisicamente a quel periodo. Ero dimagrito, psicologicamente distrutto, infelice, impazzito dal dolore.

Ecco, in quegli anni mi trasformai radicalmente, dentro di me. Cominciai a sentirmi solo, senza veri legami con il prossimo.

Devo ringraziare i miei genitori per la grande pazienza concessami in quegli anni: senza di loro non ce l'avrei fatta a superare la tempesta esistenziale.

Purtroppo quei terribili anni lasciarono il segno: sono diventato disilluso su tutto, ho una visione scettica sugli uomini e sui loro valori.

Riprendendo la lezione di Freud, adesso vedo la società niente altro che un contenimento delle pulsioni istintive, che però determinano esse stesse gli atteggiamenti e le emozioni dell'umanità. Ci crediamo civili, ma date alle persone una causa adatta, e gli istinti primordialia usciranno fuori con tutta la loro forza dirompente. Siamo civili solo in apparenza, sotto il cratere c'è la lava.

Dentro di me è venuto a crescere un senso forte della solitudine, dell'impossibilità di essere capito, apprezzato, amato per come sono realmente e per come voglio essere apprezzato dagli altri. Il dolore ha scavato un solco con i miei simili, e adesso attraversare quel vuoto è molto, molto difficile.

Il bisogno di appartenenza e la timidezza

Io sono stato sempre un timido, e voglio riportare un interessante articolo che tratta l'esclusione sociale per chi è timido o ansioso sociale.

« Per un ottimale equilibrio psicologico in ogni essere umano, è necessario avvertire un forte senso di appartenenza sociale. Non solo l'uomo è un animale gregario, ma ha anche sviluppato culture e modelli sociali ed economici di aggregazione basati sulla sinergia tra i componenti delle comunità. Nelle società umane l'interdipendenza dell'uomo è un dato di fatto conclamato e ben visibile; ciascun individuo è dipendente, per molti fattori, dalla comunità.

Basti pensare a quanti soggetti facciamo ricorso per rifornirci di alimenti, vestiario, strumenti vari e servizi. Tutto ciò ha fatto accrescere, nel corso dei millenni, anche il bisogno e la necessità di una cultura della cooperazione tra individui. Unitamente a questi, e agli istintivi bisogni riproduttivi, si sono sviluppati culture e modelli di relazione tra gli umani. Il bisogno di appartenenza sociale (coppia, famiglia, gruppo, categorie d'attività, classe sociale, eccetera) è, dunque, molto radicato nell'uomo che a esso conferisce importanza primaria.

Tutto ciò ha una tale preminenza che l'essere umano comincia a sviluppare, sin dalla nascita, un'idea della dimensione "interazionale" e a collegare, a questa, una propria identità sociale. Nell'implementazione delle singole identità alla dimensione sociale le aggregazioni umane hanno, nel corso evolutivo della specie e in quello della storia culturale, sviluppato linguaggi di comunicazione e modelli di comportamento relazionale.

Per una persona timida e per un ansioso sociale, proprio la comunicazione può diventare l'ostacolo principale per appartenere ai gruppi sociali cui si vuol fare riferimento. Oggi sappiamo che il comportamento, in sé, è comunicazione a priori. Pertanto, qualsiasi cosa si faccia o si dica, intenzionalmente o senza intenzione, trasmettiamo informazioni su noi stessi e persino sul tipo di relazione esistente tra noi e l'altro, in quel momento.

Sappiamo anche che i comportamenti degli individui timidi e degli ansiosi sociali, sono il risultato di processi cognitivi destabilizzati da interpretazioni disfunzionali ed emotivizzate delle situazioni, e da stati emotivi e condizioni ansiogene. Si tratta di comportamenti difensivi che, però, tradiscono i reali desideri relazionali dei soggetti ansiosi. I comportamenti ansiogeni hanno la particolarità di essere fuori dagli schemi attesi all'interno del gruppo.

Ciò può determinare reazioni di marginalizzazione o di esclusione.

Nel momento in cui l'individuo timido tende all'appartenenza a un gruppo, vive il problema dell'accettazione. Le credenze disfunzionali, che lo definiscono come soggetto incapace o inabile nelle situazioni sociali, danno vita a processi cognitivi che hanno il loro epilogo nell'attivazione dell'inibizione ansiogena.

A questo punto il comportamento inibito finisce col compromettere la funzionalità delle performance relazionali e/o a bloccare l'apprendimento e l'esercizio di abilità sociali possedute. Vero è che l'uomo, in certi casi, e anche per via delle culture dominanti, predilige evitare la sofferenza o di non farsi coinvolgere in essa come strategia a priori.

Ciò determina comportamenti marginalizzanti di componenti del gruppo verso quei soggetti che mostrano comportamenti di sofferenze o di problematicità che le implicano. Possiamo riassumere indicando i fattori principali che comportano l'esclusione sociale e la conseguente solitudine delle persone timide e degli ansiosi sociali: i comportamenti inibiti, auto marginalizzazione derivanti da comportamenti inibiti e inadeguati modelli comunicativi, i livelli e modalità di comunicazione inadeguate agli standard di gruppo, le dinamiche di esclusione dai gruppi.

Rimuginando sui fallimenti relazionali vissuti, ruminando sulle proprie presunte inadeguatezze, indirizzando l'attenzione verso una previsione di fallimento, l'ansioso sociale utilizza coping difensivi che il più delle volte sono diventati automatici. Così tende ad attuare comportamenti di tipo evitante che producono un'auto isolamento. Questi comportamenti di auto esclusione sono, sovente, interpretati come una sorta di allontanamento volontario dal gruppo.

Non sono rari i casi in cui i soggetti timidi appaiono

come persone che snobbano, che si danno arie di superiorità, che hanno comportamenti distaccati. In altri casi, invece, l'ansia è interpretata come tale, ma appare anche come elemento di pericolo per l'equilibrio e la sanità, per il gruppo o componenti di esso.

Comunque sia, per una ragione o per l'altra, la persona ansiosa sociale, quella timida, sperimenta la percezione di appartenenza precaria e finanche di non appartenenza. Condizioni mentali, queste, che producono quello che Procacci e altri chiamano "dolore da esclusione". In quest'ottica potremmo anche definire la solitudine come un dolore da non appartenenza.»

In sostanza, l'esclusione e la solitudine possono derivare dal fatto che persone timide e ansiose tendono a mettere in moto meccanismi difensivi, che diventano automatismi autoescludenti dai gruppi e dalle relazioni.

[1] http://www.addio-timidezza.com/2015/07/esclusione-sociale-e-solitudine-nella.html

Ognuno è solo

Tratto dal mio libro "Ad Ognuno il suo Pianeta"

Il grande poeta italiano Eugenio Montale scrisse una lirica bellissima, sulla sostanziale solitudine dell'individuo di fronte al mistero e al dolore della vita:

Ognuno sta solo sul cuor della terra
trafitto da un raggio di sole:
ed è subito sera.

La solitudine dell'individuo sulla Terra, rispetto ad una comunicazione profonda sentita come non possibile appieno, è un tema centrale per comprendere come ogni individuo, nella sua peculiarità, nella visione personale, alla fine risulta isolato, distante, da tutti gli altri uomini.

Crescere e cambiare idea, vivere e accumulare esperienze, ci portano ad avere opinioni molto specifiche per la nostra vita, su tutto.

Le diverse conoscenze del mondo, la nostra stessa indole, le nostre esperienze, modellano un *unicuum* come insieme di sentimenti e opinioni sul mondo, che difficilmente può avere sempre uguali.

Certo ci si schiera, si è di una parte politica piuttosto che un'altra, ma l'infinità di posizioni, di atteggiamenti, di semplici approcci quotidiani alla vita è così numeroso che può veramente parlarsi di un peculiare modo di vivere il mondo e di percepirlo.

Alla fine in ciò siamo soli. Soli nel nostro sentire, con la psiche che è una qualcosa di così profondo e legato all'ego da non poter essere condivisa che attraverso astrazioni. Soli, nel mutare opinione, magari contro le opinioni che rimangono simili di persone a noi vicine.

Soli nel viaggio della vita, perché di fronte alle mille situazioni difficilmente gli altri ci sono sovrapponibili, pensate ad esempio alle emozioni, così strettamente legate al nostro corpo, ai nostri ormoni, al nostro sistema nervoso.

Importante è che nella nostra vita la solitudine per così dire 'costituzionale', universale, non diventi isolamento, angoscia, disperazione. Siamo sempre soli, perché l'incomunicabilità dei mondi vissuti e sentiti è enorme. Ma la solitudine è diversa dall'isolamento, quando tutto è mutismo, rassegnazione, disperazione di non poter comunicare. A tale proposito riporto un bellissimo passaggio della solitudine dell'anima, un libro di Eugenio Borgna:

Cosa distingue la solitudine dall'isolamento?
La solitudine è definita dalla relazione all'altro; cosa che non avviene nell'isolamento. Forse, è possibile dire che l'isolamento nei riguardi della solitudine è quello che il mutismo è nei riguardi del silenzio. Tacere, essere nel silenzio, significa che si ha, o si può avere, qualcosa da dire: anche se non si ha voglia di dire nulla;

mentre, nel mutismo, non si ha la possibilità di dire qualcosa. Nella solitudine, cioè, si continua ad essere aperti al mondo delle persone e delle cose, e, anzi, al desiderio, alla nostalgia, di mantenersi in una relazione significativa con gli altri; e questo in antitesi all'isolamento, che si definisce meglio come solitudine negativa, e in cui si è chiusi in se stessi: perduti al mondo e alla trascendenza nel mondo.

La solitudine è un momento della vita nella quale si continua a realizzare valori interpersonali e comunitari: sia pure in modi diversi da quelli che si attuano nella vita quotidiana: quando siamo radicati, e immersi, in relazioni incrinate dalla febbrile ricerca di mete, e di risultanze, concrete. La solitudine è come la dimensione diastolica della vita che rischia di essere, ogni volta, divorata dall'homo faber che si nasconde in ciascuno di noi, e che rinasce sulla scia delle nostre noncuranze emozionali.

Cose, queste, che non hanno a che fare con l'isolamento, con la solitudine negativa, nella quale ci si allontana dal mondo, e ci si immerge negli orizzonti di esperienze divorate dall'indifferenza e dal rifiuto di ogni dialogo, e di ogni comunicazione; pietrificandoci nei confini di un io che diviene monade senza porte e senza finestre. Non si vuole, e non si è nemmeno più liberi talora, di uscire da una condizione di radicale isolamento che ci rende impossibile la solidarietà con il mondo degli altri, e la comunità di destino con chi sta male, e chiede disperatamente aiuto. Non ci sono più speranze, e non ci sono più esperienze che si aprano al futuro.

Tratto da La solitudine dell'anima, Eugenio Borgna

La lezione di Pirandello

Tratto dal mio Libro "Ad Ognuno il suo Pianeta"

Un autore, importante, importantissimo, della letteratura italiana, come Luigi Pirandello, premio Nobel di livello eccelso, scrisse:

"Mi si fissò invece il pensiero ch'io non ero per gli altri quel che finora, dentro di me, m'ero figurato d'essere."
"Non mi conoscevo affatto, non avevo per me alcuna realtà mia propria, ero in uno stato come di illusione continua, quasi fluido, malleabile; mi conoscevano gli altri, ciascuno a suo modo, secondo la realtà che m'avevano data."

"Che colpa abbiamo, io e voi, se le parole, per sé, sono vuote? Vuote, caro mio. E voi le riempite del senso vostro, nel dirmele; e io nell'accoglierle, inevitabilmente, le riempio del senso mio. Abbiamo creduto d'intenderci, non ci siamo intesi affatto."

e poi, **perla assoluta**:

Abbiamo tutti dentro un mondo di cose: ciascuno un suo mondo di cose! E come possiamo intenderci, signore, se nelle parole ch'io dico metto il senso e il valore delle cose come sono dentro di me; mentre chi le ascolta, inevitabilmente le assume col senso e col valore che hanno per sé, del mondo com'egli l'ha dentro?

Da una parte la solitudine, dall'altra la scoperta che nella visione del mondo, delle cose, delle parole c'è la prigione dell'incomunicabilità: abbiamo visioni diverse delle stesse cose sulle quali pensiamo di intenderci, attribuiamo alla parola di oggi, il significato diverso che noi stessi ieri gli abbiamo dato, e dovremmo sapere che questo significato non è univoco, ma mediato dalle nostre convinzioni, dalle nostre opinioni, dalla psicologia del nostro animo, dalle nostre emozioni nel vivere questa parola, nel sentirla nostra o rifiutarla come nemica.

Abbiamo cioé, uno, nessuno, centomila modi di vivere il mondo, una varietà del sentire che ci rende atomi lontani dal prossimo che pur vorrebbe capirci.

Sono intuizioni, ragionamenti molto profondi, di chi comprende la distanza che alle volte separa le persone che parlano la stessa lingua, pur dando dei significati diversi ai fonemi che la compongono.

Pensate a un libro letto: chi ci vede la qualità, chi non lo comprende, che considera migliori alcune parti, chi toglierebbe volentieri un capitolo o due; ma il libro uno è, sono le nostre opinioni, le nostre visioni generali che ci fanno avere una visione del libro in sé infinitamente variegata, al punto che quel libro è uno, nessuno, centomila libri.

Luigi Pirandello

La falsità dei rapporti sociali

Una parte importante della solitudine del cuore viene dall'assoluta falsità dei rapporti sociali, così come li ho conosciuti. Le persone non parlano sempre spontaneamente, anzi l'atteggiamento degli adulti è quello di simulare e dissimulare, di dire delle parole e di pensarne altre.

La falsità delle persone è come la punta di un iceberg: la critichiamo solo quando è evidente, ma nascostamente le persone hanno mille pensieri che ci celano mentre agiscono, anche incoffessabili per chiunque.

Il fatto che il vivere civile presuppono autocontrollo, rispetto reciproco, distanze formali. Ma se leggessimo i pensieri, andremmo subito in guerra tra di noi, tanto sono forti le critiche, gli insulti, il disprezzo e le cattiverie non espresse o espresse solo dietro le spalle.

La solitudine nasce dalla consapevolezza di questa malizia assolutamente diffusa delle persone, da questo lato negativo nascosto della maggioranza delle persone. Sai già che difficilmente potrai chiedere aiuto ai molti che hanno pensieri negativi su di te, oppure sono proprio indifferenti, al di là delle apparenze, alla tua situazione e ai tuoi problemi.

Quando mia madre risponde a chi gli chiede come

sta, spesso dice 'sto bene' solo per evitare di infastidire con un ruolo da finto interessato colui o colei che hanno mostrato un interessamento, che per mia madre è un interessamento di pura facciata. Si dice sto bene, per mettere un punto e consentire al prossimo di non dover recitare il ruolo di persona premurosa.

E così in tante situazioni, ci siamo abituati in questa Italia, a evitare il dialogo, tanto sappiamo che non interessa un approfondimento su ciò che ci riguarda, che dobbiamo cavarcela da soli, che in fondo...ma chissenefrega.

L'indifferenza e i ruoli di pura facciata fanno si che noi sappiamo già di sentirci soli, al di là dei proclami dei giornali sul politicamente corretto, sulla solidarietà e retorica simile.

Al di là di frasi come mi dispiace, gli italiani sono diventati cinici, egoisti e ipocriti, ecco cosa penso. Penso che è difficile mostrarsi deboli e bisognosi in questa Italia di 5 milioni di poveri: potresti scoprire che nessuno ti da aiuto.

Ecco una serie di aforismi sulla falsità già citati nel mio libro "Ad ognuno il suo Pianeta"

Imparerai a tue spese che nel lungo tragitto della vita incontrerai tante maschere e pochi volti.
(Luigi Pirandello)

Siamo tutti impostori in questo mondo, noi tutti facciamo finta di essere qualcosa che non siamo.
(Richard Bach)

Noi siamo ciò che fingiamo di essere, quindi dobbiamo essere attenti a ciò che fingiamo di essere.
(Kurt Vonnegut)

Abbiamo due tipi di morale fianco a fianco: una che predichiamo, ma non pratichiamo, e un'altra che pratichiamo, ma di rado predichiamo.
(Bertrand Russell)

L'uomo è un animale che finge, e non è mai tanto se stesso come quando recita.
(William Hazlitt)

Ci sono individui composti unicamente di facciata, come case non finite per mancanza di quattrini. Hanno l'ingresso degno d'un gran palazzo, ma le stanze interne paragonabili a squallide capanne.
(Baltasar Gracián)

L'uomo finge continuamente di essere quello che non è; è un modo per nascondere se stesso. Chi è brutto cerca di sembrare bello, chi è preda di angosce cerca di sembrare felice, chi non sa niente cerca di dimostrare di sapere tutto. E le cose vanno avanti in questo modo. Se non diventi consapevole dei tre idioti che sono in te, non diventerai mai un saggio. È superando i tre idioti che si diventa realmente saggi.
(Osho)

Ci sono molte persone nel mondo, ma ci sono ancora più volti, perché ognuno ne ha diversi.

(Rainer Maria Rilke)

Non esiste nessuno così affezionato al suo volto che non accarezzi l'idea di presentarne un altro al mondo.
(Antonio Machado)

La nostra vita è una catena di menzogne tessuta con molta grazia; con una grazia che se volessimo sempre scoprire la discordanza tra gli atti e le parole, tutte le persone sembrerebbero ipocrite.
(Carlo Maria Franzero)

Durante il carnevale gli uomini indossano una maschera in più.
(Xavier Forneret)

La falsità quindi, è cosa ben nota, ma le persone, quando le incontrate normalmente, sembrano accantonare un aspetto così importante a livello umano, per concentrarsi sulle cose da fare al momento presente. Sembra che il solo concetto di falsità sia inviso alla massa, forse proprio perché rompe quel gioco dei ruoli sociali e delle maschere che avevo affrontato in un capitolo precedente.
Dato che migliaia di interazioni quotidiane sono fasulle, come i sorrisi di circostanza di una commessa di una boutique, ad esempio, parlare della falsità rende il gioco scoperto, lega il comportamento attuale all'ipotetica falsità dello stesso.
La mia esperienza di vita, unita ad una forte empatia per il prossimo ed una sensibilità fuori dall'ordinario,

decisamente, mi permettono di dire che il gioco di simulare e dissimulare è molto più eseguito e diffuso di quanto una parte della popolazione non potrebbe lontanamente immaginare.

Sorrisi, gesti, auguri, saluti, cortesie, complimenti... quante azioni false riempiono il mondo, e molti non riescono neanche a farle entrare nella loro visione del mondo stesso!

Maschere

La solitudine dei non luoghi

Marc Augé (Poitiers, 2 settembre 1935) è un antropologo ed etnologo francese. È noto per aver introdotto il neologismo nonluogo nel 1992, nel suo libro Non-lieux, utilizzato per indicare tutti quegli spazi che hanno la prerogativa di non essere identitari, relazionali e storici. Il neologismo nonluogo (o non luogo, entrambi modellati sul francese non-lieu) definisce due concetti complementari ma distinti: da una parte quegli spazi costruiti per un fine ben specifico (solitamente di trasporto, transito, commercio, tempo libero e svago) e dall'altra il rapporto che viene a crearsi fra gli individui e quegli stessi spazi. Il termine italiano è stato registrato come neologismo per la prima volta a partire dal 2003 per essere poi accolto nei lessici di tutti i vocabolari italiani.

Secondo me questi non-luoghi sono i simboli e le creazioni umane perfette per dare comunicazione di quel senso di solitudine del cuore a cui mi riferisco, in rapporto al mio sentire profondo. Marc Augé definisce i nonluoghi in contrapposizione ai luoghi antropologici, quindi tutti quegli spazi che hanno la prerogativa di non essere identitari, relazionali e storici.

Fanno parte dei nonluoghi sia le strutture necessarie

per la circolazione accelerata delle persone e dei beni (autostrade, svincoli e aeroporti), sia i mezzi di trasporto, i grandi centri commerciali, gli outlet, i campi profughi, le sale d'aspetto, gli ascensori eccetera.

Spazi in cui milioni di individualità si incrociano senza entrare in relazione, sospinti o dal desiderio frenetico di consumare o di accelerare le operazioni quotidiane o come porta di accesso a un cambiamento (reale o simbolico). I nonluoghi sono prodotti della società della surmodernità, incapace di integrare in sé i luoghi storici confinandoli e banalizzandoli in posizioni limitate e circoscritte alla stregua di "curiosità" o di "oggetti interessanti".

Simili eppure diversi: le differenze culturali massificate, in ogni centro commerciale possiamo trovare cibo cinese, italiano, messicano e magrebino. Ognuno con un proprio stile e caratteristiche proprie nello spazio assegnato. Senza però contaminazioni e modificazioni prodotte dal nonluogo. Il mondo con tutte le sue diversità è tutto racchiuso lì.

I nonluoghi sono incentrati solamente sul presente e sono altamente rappresentativi della nostra epoca, che è caratterizzata dalla precarietà assoluta (non solo nel campo lavorativo), dalla provvisorietà, dal transito e dal passaggio e da un individualismo solitario. Le persone transitano nei nonluoghi ma nessuno vi abita. I luoghi e i nonluoghi sono sempre altamente interlegati e spesso è difficile distinguerli.

Raramente esistono in "forma pura": non sono semplicemente uno l'opposto dell'altro, ma fra di essi vi è tutta una serie di sfumature. In generale però sono gli spazi dello standard, in cui nulla è lasciato al caso: tutto al loro interno è calcolato con precisione, il numero di decibel, dei lum, la lunghezza dei percorsi, la frequenza dei luoghi di sosta, il tipo e la quantità di informazione.

Sono l'esempio esistente di un luogo in cui si concretizza il sogno della "macchina per abitare", spazi ergonomici efficienti e con un altissimo livello di comodità tecnologica (porte, illuminazione, acqua automatiche). Nonostante l'omogeneizzazione, i nonluoghi solitamente non sono vissuti con noia ma con una valenza positiva (l'esempio di questo successo è il "franchising" ovvero la ripetizione infinita di strutture commerciali simili tra loro). Gli utenti poco si preoccupano del fatto che i centri commerciali siano tutti uguali, godendo della sicurezza prodotta dal poter trovare in qualsiasi angolo del globo la propria catena di ristoranti preferita o la medesima disposizione degli spazi all'interno di un aeroporto.

Da qui uno dei paradossi dei nonluoghi: il viaggiatore di passaggio smarrito in un paese sconosciuto si ritrova solamente nell'anonimato delle autostrade, delle stazioni di servizio e degli altri nonluoghi. Il rapporto fra nonluoghi e i suoi abitanti avviene solitamente tramite simboli (parole o voci preregistrate). L'esempio lampante sono i cartelli affissi negli aeroporti vietato fumare oppure non superare la linea bianca davanti agli sportelli. L'individuo nel nonluogo perde tutte le sue caratteristiche e i ruoli personali per continuare a esistere solo ed esclusivamente come cliente o fruitore. Il suo unico ruolo è quello dell'utente, questo ruolo è definito da un contratto più o meno tacito che si firma con l'ingresso nel nonluogo.

Le modalità d'uso dei nonluoghi sono destinate all'utente medio, all'uomo generico, senza distinzioni. Non più persone ma entità anonime: Il cliente conquista dunque il proprio anonimato solo dopo aver fornito la prova della sua identità, solo dopo aver, in qualche modo, controfirmato il contratto. Non vi è una conoscenza individuale, spontanea e umana.

Non vi è un riconoscimento di un gruppo sociale, come siamo abituati a pensare nel luogo antropologico. Una volta l'uomo aveva un'anima e un corpo, oggi ha bisogno anche di un passaporto, altrimenti non viene trattato da essere umano così scriveva il novelliere e saggista Stefan Zweig: da quel tempo il processo di disindividualizzazione della persona è andato via via progredendo.

Si è socializzati, identificati e localizzati solo in occasione dell'entrata o dell'uscita (o da un'altra interazione diretta) nel/dal nonluogo; per il resto del tempo si è soli e simili a tutti gli altri utenti/passeggeri/clienti che si ritrovano a recitare una parte che implica il rispetto delle regole. La società che si vuole democratica non pone limiti all'accesso ai nonluoghi, a patto che si rispettino una serie di regole, poche e ricorrenti. Farsi identificare come utenti solvibili (e quindi accettabili), attendere il proprio turno, seguire le istruzioni, fruire del prodotto e pagare.

Anche il concetto di "viaggio" è stato pesantemente attaccato dalla surmodernità: grandi "nonluoghi" posseggono ormai la medesima attrattività turistica di alcuni monumenti storici. A proposito del più grande centro commerciale degli Stati Uniti d'America, il "Mall of America", che richiama oltre 40 milioni di visitatori ogni anno (molti dei quali ci entrano nel corso di un giro turistico), scrive il critico Michael Crosbie nella rivista Progressive Architecture: «si va al Mall of America con la stessa religiosa devozione con cui i Cattolici vanno in Vaticano, i Musulmani alla Mecca, i giocatori di azzardo a Las Vegas, i bambini a Disneyland».

Anche i centri storici delle città europee si stanno sempre di più omologando, con i medesimi negozi e ristoranti, il medesimo modo di vivere delle persone e addirittura gli stessi artisti di strada. L'identità storica delle città ridotta a stereotipo di richiamo turistico.

Paura, sofferenza, solitudine

Passi tratti da "La solitudine dell'anima" di Eugenio Borgna

« Nel contesto storico e culturale del nostro tempo crescono, e dilagano, forme diverse di paura che rinascono sulla scia di situazioni, personali e ambientali, sempre più estese, e sempre più diffuse, dalle risonanze emozionali sempre più intense, e incandescenti. Da fenomeno individuale la paura si è ora trasformata in fenomeno sociale; nel quale sono implicate larghe fasce di popolazione. Se molteplici sono le regioni tematiche della paura, in ogni età della vita, sostanzialmente unitaria, e uniforme, è la risposta emozionale alla paura: quella di ripiegarsi in se stessi, e di rifuggire dalle relazioni con le persone e con il mondo: naufragando in una solitudine radicale, che non è solitudine interiore, ma isolamento sociale: non sempre motivato da comprensibili timori, e invece, più frequentemente, da individualismo, da rifiuto dell'altro, da indifferenza ai valori di solidarietà e dal deserto della speranza e dell'amore. »

« Non c'è solo la solitudine come respiro dell'anima, e nemmeno solo la solitudine come esperienza di distacco intenzionale dagli altri e dal mondo, ma c'è anche la solitudine come condizione di vita dolorosa e straziata: imposta da un destino di malattia, o di perdita di umane relazioni. Il diagramma semantico ed esistenziale, che si nasconde nell'area tematica della solitudine, è davvero molto esteso con grandi e ardenti antinomie che è necessario, ogni volta, analizzare e riconoscere; come vorrei riuscire ad indicare nel corso di queste pagine.

La solitudine imposta dal destino, la solitudine causata dalla malattia, o dalla indigenza, è la espressione più lacerante e più crudele di una condizione umana così diversa, e così camaleontica nei suoi contenuti, come è la solitudine. Ma questa forma di solitudine è quella che non può non recidere le nostre coscienze dalle loro inerzie e dalle loro indifferenze, dalla loro estraneità e dalle loro ghiacciate noncuranze.

La solitudine della malattia, certo, che cambia istantaneamente i modi di essere e di pensare della nostra vita; la solitudine che nasce dalla dissolvenza di relazioni umane significative ed essenziali; la solitudine che la morte desta nei nostri cuori feriti e agonizzanti, e solo salvati dalla speranza: dalla speranza paolina contro ogni speranza; la solitudine che si accompagna alla perdita del lavoro e della casa; la solitudine della perdita della patria originaria, e della faticosa, e non di rado impossibile, ricerca di una altra patria che renda meno acuta la nostalgia; la solitudine che alcuni stati d'animo, quelli della tristezza, dell'angoscia, della disperazione, della timidezza, dell'abbandono, della fragilità interiore, della stanchezza della vita, del desiderio della morte, trascinano in noi che non sappiamo più ritrovare orizzonti di senso; e quante altre solitudini che dilagano imprevedibili e talora inafferrabili come quelle che sono la sorgente oscura ed enigmatica della follia.

Nel delineare il senso di queste forme di solitudine non potrei non richiamarmi, sì, ancora, ad alcune accorate parole di Teresa di Calcutta. Queste sue riflessioni non hanno a che fare con la sua solitudine ma con quella di persone malate che desiderano, solo, di essere ascoltate. "Di recente un uomo mi ha incontrata per strada. Mi ha chiesto: 'Sei Madre Teresa?'. Io gli ho risposto di sì. E lui: 'Per favore, manda qualcuno a casa mia. Mia moglie ha disturbi mentali e io sono mezzo cieco. Vorremmo tanto sentire il suono amorevole di una voce umana'. Erano persone agiate. Avevano tutto nella loro casa. Eppure stavano morendo di solitudine, morendo per il desiderio di sentire una voce amica. Come facciamo a sapere che qualcuno come loro non si trovi accanto a casa nostra? Sappiamo chi sono, dove sono? Troviamoli e, quando li troviamo, amiamoli. Poi, quando li ameremo, li serviremo."

La solitudine come una nuova forma di povertà; e la solitudine come una sfida alle nostre distrazioni e al nostro egoismo: alla nostra incapacità di amare. Ma Teresa di Calcutta non ci dice solo questo; ma ci ricorda, anche, la grande importanza che le parole, l'ascoltarle, hanno nel ridare una scintilla di speranza a chi vive nella disperazione. Si può morire di solitudine, e una immagine, come questa sfolgorante di intuizione, dovrebbe almeno scalfire i cuori, anche quelli pietrificati dalle abitudini, rendendoli capaci di solidarietà, e di amore.

La sofferenza dei poveri, dei malati, degli ultimi della terra, degli umiliati e offesi, ancora riemerge dalle sue parole, infiammate di straziata desolazione. "Sappiamo chi sono i nostri poveri? Conosciamo i nostri vicini, i poveri della nostra zona? È così facile per noi parlare e parlare dei poveri di altri luoghi. Molto spesso abbiamo chi soffre, chi è solo, le persone anziane, non volute, infelici, ed esse sono vicine a noi, e noi non abbiamo nemmeno il tempo di sorridere loro. Il cancro e la tubercolosi non sono le malattie più gravi. Penso che una malattia ancor più grave sia l'essere non voluto, l'essere non amato."

La mancanza di Dio

Sono stato battezzato, ho ricevuto la comunione. Ho pregato da piccolo, ma adesso ritengo la religione niente altro che un credo umano, determinato dalla Storia umana e non da qualcosa di soprannaturale. Non nego l'esistenza di un Creatore, ma ritengo le religioni dovute sono a fatti umani, che parlano di divinità che non conoscono.

Questo scetticismo ti porta a non sentire un Dio che ti segua, ti protegga, sorvegli i tuoi comportamenti e ti aiuti nel momento del bisogno.

Tutti ti dicono che Dio ti aiuta, ci ama. Ma poi vedi milioni di ingiustizie quotidiane, bambini che muoiono di tumore, e rimani incredulo che un Dio sommo amore permetta tutto questo. Ritengo che anche se c'è un Creatore ci ha lasciato soli, nessuno spirito veglia su di noi. Tutto avviene per leggi fisiche e per la volontà umana, nessuno ci accompagna da altri mondi nel nostro quotidiano.

Siamo soli, sperduti in un pianeta qualsiasi di un sistema solare qualsiasi, in una delle miliardi di galassie di questo Universo che non sappiamo neanche bene da cosa ha avuto origine.

Oltre il rituale della messa, oltre la retorica dei credi

religiosi, tutto è maledettamente terreno, profano, in questa nostra vita. Noi non sentiamo Dio che ci parla, sono tutti preti, cardinali, vescovi, papi, religiosi di ogni religione che pretendono di parlare per lui.

Abbiamo mille domande, e risposte su Dio che vengono solo dagli uomini. Chi ci prende per mano quando siamo tristi ? Chi surrurra parole di conforto ? Nessun Dio, sono tutti uomini che parlano al posto suo.

Inutile parlare di libero arbitrio, uno non vorrebbe un creatore che ti lascia fare tutto senza aiutarti: chiunque desidera un Dio premuroso, che ti accompagna in tutto. Invece ? Nelle decisioni importanti della vita siamo soli, le scelte sono libere ma sono anche solitarie. Alla fine dobbiamo cavarcela da soli, sperare nei miracoli è pericoloso, potresti ritrovarti a volare senza ali nel vuoto!

A proposito dell'assenza di Dio, cito un aneddoto che riguarda un grande scienziato.
Germania, primi anni del XX secolo.
Durante una conferenza tenuta per gli studenti universitari, un professore ateo dell'Università di Berlino lancia una sfida ai suoi alunni con la seguente domanda:
"Dio ha creato tutto quello che esiste?"
Uno studente diligentemente rispose: "Sì certo!".
"Allora Dio ha creato proprio tutto?" - Replicò il professore.
"Certo!", affermò lo studente.
Il professore rispose: "Se Dio ha creato tutto, allora Dio ha creato il male, poiché il male esiste e, secondo il principio che afferma che noi siamo ciò che producia-

mo, allora Dio è il Male".

Gli studenti ammutolirono a questa asserzione. Il professore, piuttosto compiaciuto con se stesso, si vantò con gli studenti che aveva provato per l'ennesima volta che la fede religiosa era un mito.

Un altro studente alzò la sua mano e disse: "Posso farle una domanda, professore?".

"Naturalmente!" - Replicò il professore.

Lo studente si alzò e disse: "Professore, il freddo esiste?".

"Che razza di domanda è questa? Naturalmente, esiste! Hai mai avuto freddo?". Gli studenti sghignazzarono alla domanda dello studente.

Il giovane replicò: "Infatti signore, il freddo non esiste. Secondo le leggi della fisica, ciò che noi consideriamo freddo è in realtà assenza di calore. Ogni corpo od oggetto può essere studiato solo quando possiede o trasmette energia ed il calore è proprio la manifestazione di un corpo quando ha o trasmette energia. Lo zero assoluto (-273 °C) è la totale assenza di calore; tutta la materia diventa inerte ed incapace di qualunque reazione a quella temperatura. Il freddo, quindi, non esiste. Noi abbiamo creato questa parola per descrivere come ci sentiamo... se non abbiamo calore".

Lo studente continuò: "Professore, l'oscurità esiste?".

Il professore rispose: "Naturalmente!".

Lo studente replicò: "Ancora una volta signore, è in errore, anche l'oscurità non esiste. L'oscurità è in realtà assenza di luce. Noi possiamo studiare la luce, ma non l'oscurità. Infatti possiamo usare il prisma di Newton per scomporre la luce bianca in tanti colori e studiare

le varie lunghezze d'onda di ciascun colore. Ma non possiamo misurare l'oscurità. Un semplice raggio di luce può entrare in una stanza buia ed illuminarla. Ma come possiamo sapere quanto buia è quella stanza?
Noi misuriamo la quantità di luce presente. Giusto? L'oscurità è un termine usato dall'uomo per descrivere ciò che accade quando la luce... non è presente".
Finalmente il giovane chiese al professore: "Signore, il male esiste?".
A questo punto, titubante, il professore rispose, "Naturalmente, come ti ho già spiegato. Noi lo vediamo ogni giorno. E' nella crudeltà che ogni giorno si manifesta tra gli uomini. Risiede nella moltitudine di crimini e di atti violenti che avvengono ovunque nel mondo. Queste manifestazioni non sono altro che male".
A questo punto lo studente replicò "Il male non esiste, signore, o almeno non esiste in quanto tale. Il male è semplicemente l'assenza di Dio. E' proprio come l'oscurità o il freddo, è una parola che l'uomo ha creato per descrivere l'assenza di Dio. Dio non ha creato il male. Il male è il risultato di ciò che succede quando l'uomo non ha l'amore di Dio presente nel proprio cuore. E' come il freddo che si manifesta quando non c'è calore o l'oscurità che arriva quando non c'è luce".
Il giovane fu applaudito da tutti in piedi e il professore, scuotendo la testa, rimase in silenzio.
Il rettore dell'Università si diresse verso il giovane studente e gli domandò: "Qual è il tuo nome?".
"Mi chiamo, Albert Einstein, signore!" - Rispose il ragazzo.

Un racconto meraviglioso, di come il genio della scienza moderna Albert Einstein, rispose che il male non è creato da Dio, ma è l'assenza di Dio nelle azioni degli uomini. Io invece dissento anche da Einstein: l'assenza di Dio non è dovuta solo alla volontà dell'uomo, ma potrebbe essere dovuta anche al fatto che nessun Dio difende valori positivi, e aiuta le sue creature. Dio potrebbe essere solo una concezione dell'uomo sperduto in un mondo difficile da accettare. Può essere vero che l'assenza di Dio è dovuta all'uomo, ma potrebbe essere dovuta anche al fatto che nessun Dio si interessa a noi in questo mondo, che l'assenza è semplicemente il fatto che nessun Dio è presente nei fatti dell'Universo. Pensateci: Dio potrebbe averci creato e poi ignorato per sempre!

Molti hanno la fede che gli fa credere e sperare. Io, avendo vissuto sulla mia pelle la cattiveria degli uomini e la sofferenza del mondo, posso dire che mi sono sempre sentito solo di fronte alle avversità e ho percepito il male come dovuto alla natura istintiva delle azioni umane. Dentro gli uomini, l'istinto primordiale è amorale, non ha pietà, e solo la civiltà da l'illusione alle persone che siamo esseri consapevoli del rispetto del prossimo.

Cambiare: Sull'amore e la solitudine

Dal libro di Jiddu Krishnamurti

1. « Nessuno può vivere senza rapporti. Potete ritirarvi su una montagna, diventare monaci o sannyasi, vagare da soli nel deserto, ma continuerete a essere in relazione. Non potete eludere questa realtà fondamentale. Non potete esistere nell'isolamento. La mente può pensare di esistere in isolamento, o di creare uno stato di isolamento, ma anche in questo isolamento continuerete a essere in relazione. La vita è rapporto, vivere è rapportarsi. Non potremmo vivere se ognuno di noi erigesse attorno a sé un muro e sbirciasse fuori di tanto in tanto. Inconsciamente, profondamente, anche dietro il muro siamo in relazione. Non penso che abbiamo dato molta attenzione al problema del rapporto. »

2. « Una persona ha paura della solitudine, paura del dolore della solitudine. Questa paura deriva certamente dal non avere mai guardato davvero la solitudine, non essere mai stata in totale comunione con essa. Se siamo totalmente aperti alla realtà della solitudine, possiamo arrivare a conoscerla. Ma noi nutriamo un'idea, un'opinione basata su esperienze precedenti, e questa idea, questa opinione, questo preconcetto riguardo alla

realtà genera la paura. La paura è quindi l'ovvio risultato del denominare, del descrivere, del proiettare un'immagine sulla realtà. Il che significa che la paura non è scollegata dalla parola. Ho una reazione, ad esempio alla solitudine, cioè ho paura di non essere niente. Ma ho paura della realtà in se stessa, o la paura viene risvegliata dai miei pregiudizi rispetto alla realtà, da un pregiudizio costituito da una parola, da un simbolo o da un'immagine? Come potrebbe esservi paura di una realtà? Se sono a faccia a faccia con la realtà, in diretta comunione con essa, posso guardarla, osservarla: e quindi non c'è paura della realtà. Ciò che provoca paura è la mia apprensione riguardo alla realtà, riguardo a come potrebbe essere la realtà. Sono le mie opinioni, le mie idee, la mia precedente esperienza, i miei preconcetti riguardo alla realtà che provocano la paura. Finché c'è razionalizzazione della realtà (denominandola e quindi approvandola o condannandola), finché il pensiero giudica la realtà da osservatore, ci sarà paura.»

3. « L'amore è una sensazione? L'amore è un prodotto della mente? Potete pensare all'amore? Potete pensare all'oggetto dell'amore, ma non all'amore, vero? Posso pensare alla persona che amo. Conservo la sua fotografia e richiamo alla mente le sensazioni, i ricordi che fanno parte del nostro rapporto. Ma l'amore è sensazione, è ricordo? Se dico: "Voglio amare ed essere amato", non è un pensiero, una riflessione della mente? Ma il pensiero è amore? Crediamo di sì, non è vero? Per noi, l'amore è sensazione.

Per questo conserviamo il ritratto delle persone che amiamo, per questo pensiamo a loro e proviamo attaccamento. Ma questo è tutto un processo di pensiero, non è vero? Il pensiero viene frustrato in molti modi, perciò dice: "Devo trovare felicità nell'amore, e quindi devo avere amore". Ecco perché ci aggrappiamo alla persona che amiamo, ecco perché vogliamo possederla, fisicamente e psicologicamente. Facciamo addirittura delle leggi per proteggere la proprietà delle cose che amiamo: una persona, un pianoforte, un pezzo di terra, un'idea o una credenza.

Il possesso, con tutte le sue complicazioni della gelosia, della paura, del sospetto e dell'ansia, ci dà sicurezza. Così abbiamo trasformato l'amore in un oggetto mentale, e con gli oggetti mentali abbiamo stipato il nostro cuore. Poiché il cuore è vuoto, la mente dice: "Devo avere amore", e così cerchiamo di completarci attraverso nostra moglie o nostro marito. Utilizziamo l'amore per diventare qualche cosa.

L'amore diventa sfruttamento: usiamo l'amore come un mezzo per raggiungere uno scopo. Così abbiamo trasformato l'amore in un prodotto mentale. La mente è diventata lo strumento dell'amore, ma la mente è solo sensazione. Il pensiero è la reazione del ricordo alla sensazione. Senza un simbolo, una parola o un'immagine non c'è memoria, e quindi non c'è pensiero. Conosciamo la sensazione di ciò che chiamiamo amore, ci aggrappiamo a questa sensazione e, quando non c'è più, cerchiamo un'altra espressione della stessa sensazione. Perciò, più coltiviamo la sensazione, più coltiviamo il noto, che è solo memoria, e meno c'è amore.

Se cerchiamo l'amore, significa che è sempre in atto un processo di isolamento. L'amore infatti implica vulnerabilità, implica comunione, e non ci può essere comunione né vulnerabilità finché perdura il processo di chiusura del pensiero. La natura del pensiero è la paura, e come potrebbe esservi comunione con l'altro se c'è paura, se continuiamo a usare il pensiero come mezzo per sempre nuovi stimoli? Ci può essere amore solo comprendendo l'intero processo della mente. L'amore non appartiene alla mente, non si può pensare l'amore. Dicendo: "Voglio amore", ci state pensando, lo state desiderando, e questa è una sensazione, un mezzo per raggiungere un fine. Quindi, non è l'amore quello che volete: volete uno stimolo, volete un mezzo con cui gratificarvi sia esso una persona, un lavoro, un particolare stimolo, e così via. Ma questo non è certamente amore. »

4. « Si può davvero sconfiggere la solitudine? Qualunque cosa conquistiamo, deve essere continuamente riconquistata, non è vero? Ciò che viene compreso giunge alla sua fine, ma ciò che viene conquistato non giunge mai a fine. La lotta non fa che alimentare e rafforzare ciò contro cui lottiamo. Che cos'è questa solitudine di cui tanti di noi fanno esperienza? La proviamo, ma la rifuggiamo, non è vero? La fuggiamo gettandoci in qualunque genere di attività. Siamo vuoti, soli e ne abbiamo paura, e cerchiamo di nasconderlo con un mezzo o con un altro: la meditazione, la ricerca di Dio, l'impegno sociale, la radio, l'alcol, e così via. Faremmo di tutto piuttosto che affrontarla, stare con lei, com-

prenderla. Che ci rifugiamo nell'idea di Dio o nell'alcol, è sempre una fuga. Finché servirà a fuggire la solitudine, non c'è differenza tra un culto religioso e l'alcolismo. Socialmente c'è differenza, ma psicologicamente chi scappa da se stesso e dal suo vuoto rifugiandosi in Dio è allo stesso livello dell'alcolizzato. L'importante non è sconfiggere la solitudine, ma capirla. E non potremo capirla se non la guardiamo in faccia, se non la osserviamo direttamente, se continuiamo a fuggirla.

Tutta la vita diventa una fuga dalla solitudine, non è così? Nei rapporti usiamo gli altri per nascondere la nostra solitudine; la ricerca di sapere, l'accumulo di esperienze, tutto ciò che facciamo è una fuga dal nostro vuoto. È ovvio che queste fughe devono finire. Se vogliamo capire una cosa, dobbiamo dare alla solitudine tutta la nostra attenzione. Ma come possiamo darle tutta la nostra attenzione se ne abbiamo paura, se cerchiamo continue vie di fuga? Se vogliamo capire realmente la solitudine, se vogliamo indagarla a fondo, completamente (perché sappiamo che non ci può essere creatività finché non avremo compreso la manchevolezza interiore che è la causa principale della paura), se abbiamo preso questa decisione, ogni forma di fuga deve finire. Molti non prendono seriamente la solitudine, e dicono: "È un problema per ricchi borghesi. Datti da fare, e dimenticala". Ma la solitudine non può venire dimenticata o accantonata. Per capire realmente questa cosa basilare che chiamiamo solitudine, dobbiamo smettere di fuggire.»

Cambiare: Non temere la solitudine

Tratto da https://lamenteemeravigliosa.it

Passiamo le giornate circondati di gente, che sia in modo fisico o in modo virtuale. Al lavoro, a casa, nei momenti d'ozio... La cosa certa è che è poco comune fare qualcosa da soli, che si tratti di andare al cinema, di prendere un caffè o di fare una passeggiata. E, quando siamo da soli, non ci pensiamo due volte prima di tirare fuori il telefono cellulare per controllare le ultime notizie e le notifiche di chi conosciamo.

La compagnia degli altri è necessaria e le relazioni danno senso alla vita, ma il problema sorge quando trascorriamo troppo tempo in compagnia, perché non siamo in grado di stare da soli con noi stessi. Ci annoiamo, non ci sentiamo a nostro agio, diventiamo nervosi e dobbiamo trovare la compagnia di qualcuno.

Tuttavia, la solitudine, nella giusta misura, svolge un ruolo molto benefico per le persone. Non solo è necessario un certo grado di solitudine per svolgere alcune attività, ma può persino migliorare le nostre relazioni sociali, poiché ci dona lo spazio mentale necessario per sconnetterci dagli altri e connetterci con noi stessi.

L'importanza della solitudine relativa per il benes-

sere

Quando trascorriamo ogni ora del giorno in contatto con altre persone, in modo fisico o virtuale, siamo esposti in modo costante ai pensieri, ai giudizi e alle aspettative degli altri. Non si tratta di qualcosa di negativo, l'essere umano è un essere sociale ed è necessario conoscere e integrarsi con il proprio ambiente, ma bisogna anche ritrovare se stessi.

I momenti di solitudine ci permettono di riflettere sugli ambienti sociali nei quali siamo coinvolti, sulle opinioni degli altri, sulle tendenze, su ciò che la società si aspetta da noi, ecc., e abbiamo bisogno di quei momenti di solitudine per conoscere la nostra vera opinione o posizione rispetto al gruppo, senza la pressione che a volte mettono gli sguardi esterni.

Un altro problema che sorge quando trascorriamo tutto il nostro tempo in compagnia, è che passiamo da un'attività all'altra e, se per qualche motivo restiamo senza piani, un sabato sera per esempio, può farci stare male perché non ricordiamo come passarlo bene da soli.

Avere ogni tanto dei momenti solo per se stessi, ci permette di esplorare i nostri passatempi personali. Possiamo vedere un film o una serie TV che ci piace, leggere un libro, scrivere, uscire a fare una passeggiata in città, cucinare, fare un bagno rilassante... Di sicuro, il numero dei piani possibili è infinito.

Passare del tempo libero da soli è un modo di prendersi cura di se stessi e ripetersi di essere persone indipendenti. Con queste attività, inoltre, possiamo trovare idee e consigli che poi possiamo condividere con gli altri.

Solo in solitudine possiamo riflettere sulla nostra vita, sui nostri valori e sui nostri progetti, sulle nostre virtù e sui nostri difetti. La solitudine è quello spazio che ci serve per l'introspezione, per pensare a noi e alle nostre relazioni e cercare il modo di migliorare. Senza momenti in cui riflettere, non potremmo mai sapere dove siamo e dove vogliamo andare.

La vita sociale è piena di conflitti, poiché si tratta di una parte fondamentale delle relazioni umane. È importante parlare con gli altri per conoscere punti di vista diversi e non perdersi nei propri pensieri, ma è anche importante avere momenti di riflessione in solitudine nei quali poter riflettere con sincerità sul modo in cui agiamo in quei casi e come risolverli.

Ci sono attività che si possono fare solo in gruppo e altre che possono farsi solo da soli. Le attività creative, di solito, si trovano all'interno di quest'ultima categoria. Scrivere, dipingere, cucire, cucinare... Esistono milioni di modi di sviluppare quella parte del nostro cervello collegata all'intuito e all'arte.

Spesso trascorriamo così tanto tempo immersi in questioni fondamentali, come il lavoro e altre responsabilità, che ci dimentichiamo di cercare un momento per sviluppare quella parte più creativa della vita che implica per noi tanti benefici.

Nel mezzo troviamo l'equilibrio. Un eccesso di solitudine può isolarci e persino indurre sentimenti di depressione e isolamento, ma non saper stare da soli può farci dimenticare chi siamo veramente e impedirci di riconoscere quando è necessario passare del tempo da soli, prendersi cura di se stessi e divertirsi con la propria compagnia.

Considerazioni su quanto scritto finora

Nella parte iniziale di questo libro ho parlato di me stesso, in breve di come sono diventato particolare nel considerare i rapporti con gli altri e le sensazionii che mi danno. Negli ultimi capitolo invece ho riportato sagge affermazioni di come la solitudine spaventi perché ci mette di fronte al vuoto che si nasconde nella nostra vita.

Io personalmente di me stesso penso di essere molto sensibile, profondo, attendo anche ai minimi dettagli del rapporto con il prossimo.

Dopo una gioventù passata nel benessere emotivo derivato dalle amicizie e dal suonare, mi sono trovato catapultato in sensazioni di tristezza, isolamento dovuto alla sofferenza dell'innamoramento forte e infelice, alle sofferenza della mia guerra con il mondo, ad una sostanziale chiusura della mia psiche ad esperienze vissute nel profondo, dovute al malessere misto di paura e insicurezza nell'affrontare ancora affetti forti, attestata l'esperienza così dolorosa provata in vita. Krishnamurti afferma:

Poiché il cuore è vuoto, la mente dice: "Devo avere amore",
e così cerchiamo di completarci attraverso nostra moglie o nostro

> *marito. Utilizziamo l'amore per diventare qualche cosa. L'amore diventa sfruttamento: usiamo l'amore come un mezzo per raggiungere uno scopo. Così abbiamo trasformato l'amore in un prodotto mentale.*

Siamo alla ricerca di qualcuno per il voler completarci attraverso di lui, ecco perché spesso l'amore dichiarato è in realtà possesso, che implica gelosia e morbosità. Gli affetti non vogliono questo, ne sono consapevole, vogliono una dimensione dove il bene dell'altro deve essere centrale. L'altro non deve essere un mezzo per raggiungere il nostro scopo di autorealizzazione, ma il centro del nostro affetto, del nostro amore.

La frattura esistenziale nella mia vita, quando i rapporti con gli altri erano dolore per la maggior parte, ha spezzato il legame con i miei simili, trasformando la ricerca dell'amore in un mezzo nel ritrovare le certezze di prima, piuttosto che amare veramente e profondamente un amico, una compagna, persone a me care.

Forse oggi si assiste molto spesso alla trasformazione dell'amore in possesso strumentale, che vede nei casi di femminicidio la manifestazione più evidente della trasformazione dell'amato da centro dei propri affetti in oggetto, che va punito perché ci toglie il simbolo del nostro ego, l'unione.

La solitudine risorsa per le persone di talento

Tratto da http://www.huffingtonpost.it/2015/02/ 09/menti-brillanti-solitudine_n_6643492.html

Sempre più studi condotti da esperti di sociologia e psicologia confermano che lo stare da soli è imprescindibile prerogativa delle menti più brillanti e creative. Così si spiegherebbe perché molti leader finiscano per condurre una vita da single e perché la maggior parte dei più grandi geni della storia abbiano partorito le loro scoperte nel chiuso di una stanza. In perfetta solitudine.

Se, infatti, vivere da single, per alcuni versi, previene, come è ovvio, gli attriti e permette di gestire in autonomia spazi e tempi, quello della gestione della casa non è il solo ambito che trarrebbe beneficio dall'essere soli. Secondo il sociologo Eric Klinenberg, dell'Università di New York, infatti, vivere da soli significa anche godere di relazioni di qualità, poiché per la maggior parte dei single è chiaro che "essere soli è meglio dell'essere male accompagnati".

Ci sono anche studi che dicono che la solitudine faciliti lo sviluppo dell'empatia. Un altro sociologo, Erin Cornwell, della Cornell University di Ithaca (New

York), ha determinato dopo un'analisi che è più probabile che le persone oltre i 35 anni che vivono da sole si concedano una serata con gli amici, rispetto a quelle che vivono con il proprio partner. Questo accade anche per le persone anziane che vivono da sole: hanno una vasta rete sociale. È la conclusione a cui è giunto lo studio condotto dal sociologo Benjamin Cornwell e pubblicato su American Sociological Review.

Ma a sorprendere di più è che pare che la solitudine sia alla base della creatività e dell'innovazione. Le persone sono esseri sociali, ma dopo aver trascorso la giornata circondate da persone, da una riunione all'altra, attente ai social network e agli smartphone, iperattive, la solitudine fornisce uno spazio per il riposo ristoratore. Uno dei risultati più sorprendenti è che la solitudine è alla base della creatività, dell'innovazione e della buona leadership. Uno studio del 1994 condotto da Mihaly Csikszentmihalyi (il grande psicologo della felicità) ha rilevato che gli adolescenti che non sopportano la solitudine non sono in grado di sviluppare talento creativo.

Susan Cain, autrice del libro "Quiet: The Power of Introverts in a World That Can't Stop Talking" difende la ricchezza creativa che viene dalla solitudine e reclama, per il bene di tutti, la pratica dell'introversione. "Hanno sempre detto che dovrei mostrarmi più aperta, ma ho capito che essere introversi non è una cosa negativa. Così per anni sono andata in bar affollati, come molti introversi fanno, con una perdita di creatività e di leadership che la nostra società non può permettersi. La solitudine è l'ingrediente fondamentale della creatività.

Darwin faceva lunghe passeggiate nei boschi e decisamente respingeva gli inviti ai party. Steve Wozniak ha inventato il primo computer Apple bloccato nel suo Hewlett Packard".

E aggiunge: "Le società occidentali hanno dimenticato la potenza della vita contemplativa. Fermiamo la follia della ricerca costante del lavoro di squadra. Andate nel deserto per avere intuizioni proprie".

I vantaggi della solitudine

Essere sempre condizionati dagli altri, vivere nel gruppo costantemente, essere condizionati dai rapporti sociali, secondo il testo del capitolo precedente ci impedisce di creare in maniera feconda. La creatività spesso è sviluppata nel chiuso di una stanza. Io personalmente non faccio eccezione: pur non essendo un genio da ricordare nella storia, ho creato moltissimo stando di fronte al PC, come per esempio questa stessa opera.

La lettura e la scrittura sono due facce della stessa medaglia: lavorare in maniera creativa ad un opera dell'ingegno.

Essere soli, senza disperarsi per questo, significa avere il tempo e il modo di mettere a frutto il tempo per scrivere, per dipingere, per scolpire, per comporre musica e molto altro.

Questo libro ha come tema principale la solitudine del cuore: quando si ha bisogno di legami affettivi, ci si sente soli senza e in mezzo agli altri. Ma essere in disparte apre un mondo di possibilità per esprimere le proprie emozioni, la propria intelligenza e la creatività.

Se un individuo ha molto talento, essere soli è la condizione che più di ogni altra permette la concentrazione nel creare.

Riporto passaggi da tre articoli letti in Rete:

1. **La solitudine è una condizione a cui spesso associamo sensazioni negative.** Pensiamo a una persona isolata dagli altri e in qualche modo triste o annoiata. Essere soli, per qualcuno, equivale a una mancanza, a uno stato da superare il prima possibile tornando in mezzo alle persone.

La società umana e la stessa nostra vita è fatta di relazioni. **Siamo animali sociali**, dopotutto. E quando non siamo fisicamente circondati dalle persone, siamo connessi attraverso la tecnologia. Social media, cellulari, email hanno infatti allargato le possibilità delle interazioni umane.

Sembrerebbe quindi poco attuale affermare il valore della solitudine, quando invece è una condizione indispensabile per stare bene e vivere una vita ricca e stimolante. Oggi ancora di più di qualche anno fa.

Il nodo da districare è questo: **la solitudine ci mette a disagio solo quando ci sentiamo soli.** Starsene per i fatti propri, ogni tanto, non significa rifiutare la società. Non corriamo nemmeno il rischio di essere messi da parte. Il bisogno incessante di essere sempre in mezzo alle persone dovrebbe far preoccupare tanto quanto il suo opposto.

La solitudine è come una lente d'ingrandimento: se sei solo e stai bene stai benissimo, se sei solo e stai male stai malissimo.
– Giacomo Leopardi –

Ma oggi non ti parlo di disagio sociale o degli hikikomori (*parola giapponese che definisce le persone che raggiungono un livello estremo di isolamento*). Per solitudine intendo **una pausa dal mondo** che ti circonda, un momento di raccoglimento con i tuoi pensieri. Prendersi i propri spazi, infatti, ha dei benefici psicologici dimostrati (*su tutti, riduce lo stress e l'eventuale senso di frustrazione*).

Essere da soli è una straordinaria opportunità per chiarirsi le idee e focalizzarsi su quello che riteniamo prioritario. E' come quando decidi di **rimettere in ordine una stanza**: metti tutto al suo posto e, magari, ne approfitti per cambiare qualcosa.

Nella solitudine, il cervello si resetta e valuta meglio quello che è successo nel corso della settimana o della giornata. Se stai lavorando a un progetto, anche se fai parte di un gruppo, hai bisogno di rielaborare la tua esperienza. E' un passaggio necessario per diventare più consapevole di come procede il lavoro oppure per domandarti come risolvere eventuali intoppi.

A volte, **soffriamo la pressione del gruppo** e veniamo trascinati/ci facciamo trascinare in una direzione senza porci troppe domande. Oppure stiamo zitti per non fare brutte figure, pensando di avere avuto un'idea stupida (*come a volte succede anche nei* brainstorming). Il nostro contributo potrebbe diventare così un semplice atto di adesione al volere della maggioranza, oscurando potenziali soluzioni creative. Insomma, una testa pensante fa sempre comodo (*a te e al gruppo*).

Lavorare in gruppo è spesso fantastico. Condividi quello che succede e ti sorreggi a vicenda con i tuoi compagni di avventura, soprattutto se esiste un vero spirito di squadra. Anche un compito noioso, se fatto in compagnia, diventa meno pesante. Hai l'occasione di ridere e scherzare, così come di alleggerire il peso di un momento difficile.

Tutto molto giusto. Però, a volte, questo diventa un intralcio. Hai presente quando ci si trova tutti insieme per studiare prima di un compito in classe o di un esame all'università? Se sei in un gruppo che supera le due persone probabilmente sarà divertente, ma quante volte finisce che si fa tutto meno che studiare?

Senza una grande solitudine nessun serio lavoro è possibile.
– Pablo Picasso –

Lavorando da soli, senza interruzioni, **è più facile concentrarsi ed essere produttivi**. A volte si arriva al paradosso che da soli si riesce a fare quello che in due sembra impossibile, oppure ci si mette meno tempo. Sembra un'eresia in tempi dove il team working è sacro e intoccabile. E infatti, mica ti dico che non serve. Coordinare un gruppo però non è semplice, e **non basta sedersi tutti insieme** a un tavolo per aumentare le risorse a disposizione.

La creatività nasce spesso da un momento solitario. Einstein, ad esempio, si concedeva lunghe passeggiate in compagnia dei suoi pensieri. Mozart amava comporre musica da solo. Dylan Thomas ha scritto un intero libro di poesie (*Twenty-five poem, 1936*) ritirandosi in una piccola casa sul mare. Gli esempi di **introversi famosi** sono infiniti. L'arte e la scienza devono molto a paesaggi solitari, stanze vuote e allontanamento dalle distrazioni del mondo.

Gli psicologi Mihaly Csikszentmihalyi e Gregory Feist hanno studiato le vite delle persone più creative (*in diversi campi, non solo artistici*) e spesso hanno rilevato come fossero **abbastanza introverse da passare molto tempo da sole a riflettere.**

Se stiamo bene da soli, di solito, siamo meno sensibili alle pressioni del gruppo. Sentiamo meno la paura di essere abbandonati dai nostri punti di riferimento, perché prendiamo più energia da noi stessi che da chi ci circonda (*al contrario degli estroversi*). **Introversi non significa, infatti, timidi e sottomessi.** Anzi, generalmente i creativi solitari hanno forti personalità e perseguono i propri obiettivi con determinazione, dimostrando anche una certa abilità a ottenere il consenso delle altre persone e a muoversi nel mondo (*se pensate a Bill Gates...*).

La contemplazione dei propri pensieri favorisce l'emergere di nuove idee. Si tratta di una **solitudine volontaria e costruttiva**, che lascia spazio al pensiero creativo. Da soli, si riesce a entrare in contatto con la propria intuizione e le si lascia il tempo di crescere in un "ambiente protetto" da intrusioni.

2. Hermann Hesse ne "Il lupo della steppa" scrive: *"la solitudine è indipendenza: l'avevo desiderata e me l'ero conquistata in tanti anni. Era fredda, questo sì, ma era anche silenziosa, meravigliosamente silenziosa e grande come lo spazio freddo e silente nel quale girano gli astri".*

Tutti noi abbiamo provato l'esperienza della solitudine e sappiamo bene che non ne esiste una sola, lo comprendiamo quando ci confrontiamo con gli altri o quando affiniamo il nostro sentire gli altri. Essa tocca profondamente tutti gli uomini, è ineliminabile, ci accompagna per tutta la vita e, soprattutto per alcuni, i più fortunati, può diventare la strada della ricerca interiore. Nel tentativo costante di placare la sua immagine le contrapponiamo un mondo costellato da relazioni, disseminato di immagini ed affastellato da azioni.

Dovremmo essere capaci di farne strumento per far germogliare le emozioni che proviamo, leggiamo, sentiamo, compiamo e inventiamo; attraverso la solitudine ridiamo valore al silenzio come atto preparatorio al comunicare con gli altri. Dovremmo riuscire a renderla feconda, costruttiva, viverla senza prescindere dalle relazioni con gli altri, altrimenti cadremmo in un soggettivismo estremo, nell'autosufficienza, nel rifiuto dell'altro diverso da noi.

Se riusciamo a fare questo, la solitudine può divenire condizione privilegiata e da ricercarsi per integrare i pensieri interni con i sentimenti. Ci permette di entrare in contatto con i nostri sentimenti più intimi, di riorganizzare le idee, di mutare atteggiamento, ci offre un incentivo alla crescita dell'immaginazione creativa. Non esiste creatività artistica senza concentrazione e isolamento; lo scrittore, il pittore, il pensatore, il compositore necessitano di grande raccoglimento, anche le attività quotidiane che ci impegnano attivamente necessitano di solitudine: lo studio, la riflessione, l'introspezione, la lettura vengono meglio se ci isoliamo dalla "pazza folla".

Tre brevissimi esempi di come la solitudine ha "fecondato" o e sia stata rappresentata in letteratura, in poesie e nell'arte pittorica.

Pirandello scriveva: *"La vera solitudine è in un luogo che vive per sé e che per voi non ha traccia né voce e dove dunque l'estraneo siete voi."*

L'uomo pirandelliano, pur desiderando evadere dagli schemi imposti dalla "forma", prende atto dell'impossibilità a farlo per l'esistenza nella realtà di troppi vincoli e ostacoli. Dietro questi schemi, sa che non c'è nulla, perché la costrizione nella "forma" ha ucciso la sua naturale sostanza. Questa consapevolezza suscita nei personaggi pirandelliani un sentimento di smarrimento e dolore. Quando si accorgono di non essere nessuno, si ritrovano soli e soffrono per essere ingabbiati da altri, in forme in cui non possono conoscersi. Pirandello ritiene la società colpevole della negazione della sostanza e la sua critica negativa non individua altre soluzioni se non il rifugio nella pazzia.

Viene rappresentata un'inevitabile incomunicabilità tra gli uomini, ognuno fa riferimento alla realtà come gli appare, mentre non può sapere come sia per gli altri.

L'incomunicabilità accresce il senso di solitudine dell'uomo che scopre di essere nessuno.

In poesia nasce intorno agli anni 20 e si sviluppa tra le due guerre mondiali l'Ermetismo, una poetica difficile, dal carattere chiuso, arduo. I poeti ermetici vivono intensamente l'esperienza della solitudine, dell'incertezza, del male di vivere e puntano sull'essenzialità della parola e sul gioco delle analogie, per comunicarla.

La poesia ermetica, è difficile, ignora i normali nessi logici e sintattici e vuol riuscire ad esprimere l'inesprimibile. Giuseppe Ungaretti è considerato il fondatore della poesia ermetica. L'uomo moderno vive in un mondo incomprensibile sconvolto da guerre, offeso dalle dittature ed è per questo che il poeta matura una visione sfiduciata della vita, priva di illusioni. Il nuovo poeta, condannato ad una grande solitudine morale, indirizza la sua esperienza ad una ricerca poetica riservata a pochi e priva di impegno sul piano politico ponendo quale tema centrale della sua poesia il senso della solitudine disperata dell'uomo moderno deprivato della fede negli antichi valori, nei miti della civiltà romantica e positivista, senza più certezze cui saldamente aggrapparsi.

Nel panorama dell'arte, in pittura, istintivamente si pensa ad artisti come Van Gogh, Munch, de Chirico e tra quelli statunitensi ad Hopper solo per citarne uno. Hopper ritrasse la solitudine dell'America contemporanea. La sua estrema originalità, sta nel rivolgere lo sguardo al passato recente, recuperando le lezioni di grandissimi maestri quali Manet o Pissarro, Sisley o Courbet, rileggendoli in chiave metropolitana.
Hopper utilizzando composizioni e tagli fotografici simili a quelli degli impressionisti, affina il suo personalissimo stile, imitato a sua volta da cineasti e fotografi. Predilige architetture nel paesaggio, strade di città, interni di case, di uffici, di teatri e di locali. Usa colori brillanti ma che non trasmettono vivacità, gli spazi sono reali ma in essi c'è qualcosa di metafisico che comunica allo spettatore un forte senso di inquietudine, composizione dei quadri con sofisticati giochi di luci fredde, taglienti, "artificiali", scene spesso deserte e im-

merse nel silenzio; quando raramente nel quadro c'è più di una figura umana, emerge una drammatica estraneità e incomunicabilità tra i soggetti che sembrano volgere i loro sguardi "fuori dal confine del quadro", verso qualcosa che lo spettatore non vede. Lui sapeva "dipingere il silenzio".

È molto importante comprendere che questo stare soli, sia un momento voluto, ricercato, conquistato, realizzato per incanalare le emozioni, sensazioni, fantasie e che rappresenta anche una occasione per saperne di più di noi stessi.

Soli siamo nella pancia di nostra madre, soli nasciamo e per riconquistarci l'esserlo serenamente, dobbiamo crescere.

[1] http://www.pensarecreativo.com/solitudine-creativa/

[2] http://www.lostradone.it/solitudine-e-creativita/

La solitudine positiva

Tratto da https://lamenteemeravigliosa.it/laltra-faccia-della-solitudine/

È comune che la solitudine venga identificata come qualcosa di negativo e dannoso. Normalmente questa viene associata alla tristezza e alla disperazione. Tuttavia, la solitudine ha una faccia positiva e necessaria che molte volte passa inosservata, adombrata dal lato negativo del fatidico concetto di solitudine.
Lo scrittore italiano Carlo Dossi disse: "Perché, in generale, si fugge la solitudine? Perché pochi si trovano in buona compagnia seco". La solitudine è indiscutibilmente la migliore via per avvicinarci a noi stessi. Solo quando siamo soli, con l'unica compagnia dei nostri pensieri, siamo capaci di concentrarci su noi stessi, di saper apprezzare la nostra stessa compagnia.
Quando siamo con altre persone, la cosa più frequente è centrare la nostra attenzione sulla loro presenza, sulle conversazioni che intavoliamo con loro. In questo modo trascuriamo molte cose che non ci passano inosservate quando siamo soli; nella solitudine osserviamo ciò che ci circonda, ci concentriamo sui dettagli come paesaggi, case, persone che incrociamo e tante altre cose.

È comune che la solitudine venga identificata come qualcosa di negativo e dannoso. Normalmente questa viene associata alla tristezza e alla disperazione. Tuttavia, la solitudine ha una faccia positiva e necessaria che molte volte passa inosservata, adombrata dal lato negativo del fatidico concetto di solitudine.
Lo scrittore italiano Carlo Dossi disse: "Perché, in generale, si fugge la solitudine? Perché pochi si trovano in buona compagnia seco". La solitudine è indiscutibilmente la migliore via per avvicinarci a noi stessi. Solo quando siamo soli, con l'unica compagnia dei nostri pensieri, siamo capaci di concentrarci su noi stessi, di saper apprezzare la nostra stessa compagnia.
Quando siamo con altre persone, la cosa più frequente è centrare la nostra attenzione sulla loro presenza, sulle conversazioni che intavoliamo con loro. In questo modo trascuriamo molte cose che non ci passano inosservate quando siamo soli; nella solitudine osserviamo ciò che ci circonda, ci concentriamo sui dettagli come paesaggi, case, persone che incrociamo e tante altre cose.
Imparare a convivere con sé stessi, a godere della sola compagnia dell'io è un esercizio molto importante per conoscersi come persona che ci donerà forza e autostima, e che ci insegnerà a rispettare noi stessi.
Charles Baudelaire disse: "Chi non sa popolare la propria solitudine, nemmeno sa esser solo in mezzo alla folla affaccendata". Se non sappiamo dominare la solitudine, sarà lei a dominare noi. Dunque è saggio trascorrere dei momenti in solitudine, conoscere noi stessi e separarci dal rumore che la costante compagnia

implica. In tal modo ci rafforzeremo come individui e cresceremo come persone.

La creatività è qualcosa che si sviluppa principalmente nella solitudine. Un musicista che non sappia trascorrere tre ore o tre giorni da solo con sé stesso non sarà mai capace di comporre perché il processo creativo si sviluppa quasi sempre in compagnia di nessuno. Lo scrittore e poeta tedesco Goethe disse riguardo alla solitudine: "Il talento lo si sviluppa nella solitudine, mentre il carattere si consolida nella corrente della vita".

Come possiamo vedere, sono molti gli intellettuali che hanno citato il lato positivo della solitudine e i vantaggi che essa offre all'individuo. Ad ogni modo le connotazione negative della solitudine possono arrivare a essere molto gravi e dannose, potendo diventare molto pericolose. Nonostante ciò, è importante parlare anche dei vantaggi che lo stare soli di tanto in tanto e il saper tollerare tale solitudine comportano.

Per concludere, ecco un'altra citazione. Questa volta è dello scrittore brasiliano Paulo Coelho che riassume quello che abbiamo cercato di dire sulla solitudine: "Un guerriero della luce usa la solitudine, ma non ne viene usato".

Conclusioni

Mentre scrivo, stanno scorrendo le ultime ore del 2017. Con l'anno nuovo si fanno propositi, si cerca di prospettarsi il futuro anno come importante, speciale. Io sto scrivendo il presente libro con l'intenzione di specchiare la mia personalità dentro le pagine dell'opera, e scoprire il modo con cui uscire da questa solitudine interiore.

La solitudine del cuore vorrei finisse. Che anche senza nessuna compagnia, io sapessi apprezzare le mie giornate, trascorrendo nell'equilibrio, nella serenità i momenti da vivere, accantonando le emozioni più tristi del mio sentirmi solo.

E' un proposito che presuppone un cambiamento di atteggiamento. Essere condizionati dalla tristezza per la solitudine ti sfianca, ti debilita, rovina ogni istante dei tuoi giorni. Essere positivo, sempre di più nei prossimi anni, è il mio obiettivo principale che collego proprio all'ispirazione per questo scritto.

L'opera se avete notato è scritta in alcune parti ben identificabili: la mia biografia, i capitoli sulla solitudine, i capitoli sulla possibilità di trasformare i propri atteggiamenti verso la solitudine, le considerazioni dei tempi in solitudine non come negativi, ma piuttosto come aspetto positivo e prolifico della propria esistenza.

Il percorso dalla condizione di disagio personale a quella di considerazione della solitudine come risorsa, è duro da affrontare e pieni situazioni psichiche complesse. Ma è possibile attraversarlo con la consapevolezza che si può uscire cambiati volendo realizzare questo enorme percorso di cambiamento, anche senza l'aiuto di nessuno. Le forze per farlo sono dentro di noi, e richiedono un mutamento radicale di prospettiva.

Autore del Libro

Roberto Di Molfetta

Roberto Di Molfetta, 1974, nativo di Salerno, da madre romana e padre di Ceccano (Frosinone), ha avuto parecchie città di residenza, anche se deve la sua formazione personale soprattutto al periodo ventennale passato nel centro della Capitale.

Laureato in Comunicazione alla Sapienza di Roma, dove vive, si occupa ormai da anni di Web Marketing, e creazione di siti Web.

Poeta, sensibile, molto affezionato alla madre, è affascinato dalla conoscenza e dalla bellezza delle dell'Arte e della Natura, nonché dalla tenerezza degli animali.

Contatti – robertodimolfetta@gmail.com
Sito Web – www.robertodimolfetta.it
Libri - libri.robertodimolfetta.it

Printed in Great Britain
by Amazon